EXAMEN

et

SOLUTION

DU POINT DE SAVOIR QUELLE PEUT ÊTRE LA PORTÉE DU DÉCRET

de

DÉCENTRALISATION ADMINISTRATIVE

SUR LES LÉGISLATIONS

DES PORTIONS COMMUNALES OU MÉNAGÈRES,

« Ejus est solummodo tollere
leges, cujus est condere. »

par

C. LE GENTIL,

Avocat et Juge suppléant près le Tribunal civil d'Arras,

MEMBRE CORRESPONDANT DE L'ACADÉMIE DE LÉGISLATION
DE TOULOUSE.

PARIS,
AUGUSTE DURAND, LIBRAIRE,
Rue des Grès-Sorbonne, 5.

MDCCCLV.

COMPLÉMENT

DU TRAITÉ DE LA LÉGISLATION DES PORTIONS COMMUNALES.

PORTIONS COMMUNALES OU MÉNAGÈRES

ET

DÉCENTRALISATION ADMINISTRATIVE.

C

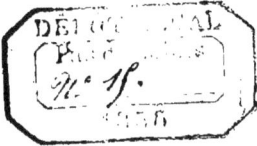

EXAMEN

et

SOLUTION

DU POINT DE SAVOIR QUELLE PEUT ÊTRE LA PORTÉE DU DÉCRET

de

DÉCENTRALISATION ADMINISTRATIVE

SUR LES LÉGISLATIONS

DES PORTIONS COMMUNALES OU MÉNAGÈRES,

« Ejus est solummodo tollere
leges, cujus est condere. »

par

C. LE GENTIL,

Avocat et Juge suppléant près le Tribunal civil d'Arras,

MEMBRE CORRESPONDANT DE L'ACADÉMIE DE LÉGISLATION

DE TOULOUSE.

PARIS,
AUGUSTE DURAND, LIBRAIRE,
Rue des Grès-Sorbonne, 5.

MDCCCLV.

ARRAS, TYP. D'ALPHONSE BRISSY.

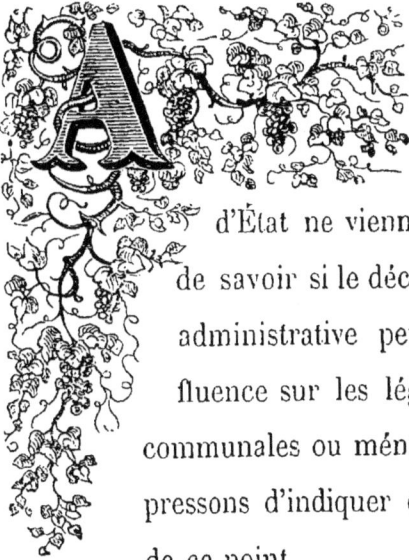

VANT que le Conseil d'État ne vienne trancher la question de savoir si le décret de décentralisation administrative peut exercer quelqu'influence sur les législations des portions communales ou ménagères, nous nous empressons d'indiquer ce que nous pensons de ce point.

Non, bien entendu, avec la prétention de peser dans la balance du Conseil, mais parce qu'obligé à compléter l'ouvrage édité l'année dernière, nous estimons qu'il convient surtout de publier ce complément, au moment ou une opinion si peu importante qu'elle soit, doit revêtir du moins un caractère d'opportunité.

Depuis la publication de notre *Traité sur la législation des portions communales ou ménagères*, une nouvelle question s'est soulevée, celle de savoir si, par application du décret en date du 30 mars 1852, *sur la décentralisation administrative*, les préfets ont le droit de modifier ou d'abroger tout ou partie des dispositions de l'édit de 1769 pour la Lorraine; de l'édit de 1774 pour la Bourgogne; des lettres-patentes de 1774 pour la Flandre et de l'arrêt du Conseil de 1779 pour l'Artois.

Question capitale au premier chef, puisqu'il ne s'agit de rien moins que de décider, si des monuments législatifs contre lesquels s'est impuissamment brisée la tourmente de quatre-vingt-treize, si des usages qu'ont respectés les pouvoirs qui, tour à tour, ont depuis cette époque gouverné la France, si des allotissements chéris des populations, fondant sur eux de légitimes espérances, vont se trouver livrés à la discrétion d'un simple arrêté préfectoral.

Question dont la solution affirmative nous semble si contraire aux *principes* et aux *possibilités*, qu'avant même de la discuter nous avons hâte de déclarer que nous ne saurions en admettre un *seul instant* et à *aucun titre* la pensée dans l'esprit de ceux qui ont rédigé le décret sous l'influence de la haute sagesse qui sans doute l'a inspiré.

Le décret (du 30 mars 1852) porte :

« Louis Napoléon, président de la République Française, considérant que, depuis la chûte de l'Empire, des abus et des exagérations de tout genre ont dénaturé le principe de notre centralisation administrative, en substituant à l'action prompte des autorités locales les lentes formalités de l'administration centrale ; considérant qu'on peut gouverner de loin, mais qu'on n'administre bien que de près ; qu'en conséquence, autant il importe de centraliser l'action gouvernementale de l'État, autant il est nécessaire de décentraliser l'action purement administrative ; sur le rapport du ministre de l'intérieur, le Conseil des ministres entendu, décrète :

Art. 1er. Les préfets continueront de soumettre à la décision du ministre de l'intérieur les affaires départementales et communales qui affectent directement l'intérêt général de l'État, telles que l'approbation des budgets départementaux, les impositions extraordinaires et les délimitations territoriales ; mais ils statueront désormais sur toutes les autres affaires départementales et communales qui, jusqu'à ce jour, exigeaient la décision du Chef de l'État ou du ministre de l'intérieur, et dont la nomenclature est fixée par le tableau A ci-annexé. »

Et dans le tableau A l'on trouve : « § 40, Mode de jouissance en nature des biens communaux, quelle que soit la nature de l'acte primitif qui ait approuvé le mode actuel. »

Ce décret a été adressé aux préfets avec une circulaire ministérielle, dans laquelle figure un passage ainsi conçu :

« Les modes de jouissance dont il s'agit sont, vous le savez, Monsieur le Préfet, antérieurs ou postérieurs à la loi du 10 juin 1793. Les premiers, sous l'empire du décret du 9 Brumaire, an XIII, ne pouvaient être changés que par un décret impérial, sur la demande des conseils municipaux ; pour la modification des seconds, il suffisait que le conseil municipal la votât et que ce vote fût approuvé par le préfet en Conseil de préfecture, sauf en cas de refus d'approbation, le recours au conseil d'État de la part du conseil municipal et même d'un ou plusieurs habitants ou ayant-droit à la jouissance des biens communaux.

Dans le système de la loi du 18 juillet 1837, lorsqu'il est question de la jouissance en commun, proprement dite, on ne considère plus, pour le changement du mode existant, si ce mode est d'une origine antérieure ou postérieure à la loi du 10 juin 1793. Le conseil municipal règle, sous la simple surveillance du préfet, la jouissance des biens communaux autres que les bois soumis au régime forestier, si d'ailleurs cette jouissance n'a pas été établie primitivement par d'anciens édits ou des ordonnances royales. Pour ce dernier cas, le décret du 9 Brumaire, an XIII, était jusqu'à présent demeuré en vigueur. Il ne pouvait être apporté de changement au mode de jouissance qu'avec l'autorisation du gouvernement.

Aujourd'hui, cette exception n'existe plus : les délibérations prises à ce sujet par les corps municipaux seront exécutoires sous votre approbation, quelle que soit la nature de l'acte qui ait sanctionné l'ancien mode.

Vous ne perdrez pas de vue, du reste, que tout changement doit tendre à améliorer l'usage préexistant, et qu'il importe notamment d'amener, par vos conseils, les administrations municipales à stipuler des redevances au profit de la caisse municipale. C'est là un moyen légitime et naturel d'accroître les revenus des communes, qui, dans un trop grand nombre de localités, sont insuffisants pour subvenir aux dépenses les plus nécessaires. Attachez-vous surtout à empêcher que les nouveaux modes de jouissance n'établissent ou ne consacrent d'injustes inégalités entre les chefs de ménage d'une même commune. En principe, chaque habitant, ayant feu séparé, a un droit égal à la jouissance des biens communaux. Si des usages dérogatoires ont été tolérés en vertu du décret du 9 Brumaire an XIII, on doit y mettre un terme lorsque les conseils municipaux votent des changements dans les usages anciens. »

Fruit d'une triple erreur : 1° *Caractère administratif* donné aux édits, lettres-patentes, arrêts du conseil ; 2° Applicabilité du décret de Brumaire, an XIII, aux *partages de jouissances antérieurs à 1793 ;* 3° Applicabilité de la loi de 1837 aux *modes de jouissances promiscues*, *antérieurs à la même époque;* cette opinion ministérielle a été le point de départ des prétentions de l'administration.

Voici comment s'est soulevée la question : les circonstances nous en sont révélées par l'excellent mémoire que notre honorable confrère M. Mauclerc, a eu la bienveillance de nous communiquer (1).

Conformément aux instructions du ministre, désirant voir modifier radicalement la législation des apportionnements communaux, l'administration supérieure avait invité, dans le département de la Moselle, les Conseils municipaux à demander le plus complètement possible le rapport de l'Édit de 1769 (2).

---

(1) Mémoire présenté au Conseil d'État pour les habitants de la commune d'Ennery contre le Ministre de l'Intérieur.

(2) Pareille invitation a été adressée aux maires des communes du Pas-de-Calais, concernant les partages effectués en vertu de l'arrêt de 1779.

Cette invitation que nous transcrivons ici, est contenue au *Recueil des Actes administratifs de la Préfecture*, n° 4, en date du 20 janvier 1855.

« Par une circulaire du 6 avril 1854, mon prédécesseur a autorisé la réunion des conseils municipaux à l'effet de proposer des modifications aux règlements locaux sur la jouissance des biens communaux et de stipuler, au profit de la commune, des redevances en argent, payables par les habitants à qui des portions ou lots de ces biens sont laissés soit viagèrement, soit pour un certain nombre d'années.

Dans sa session de 1854, le Conseil général du département a renouvelé à ce sujet le vœu qu'il avait exprimé en 1853.

Des doutes et des difficultés s'étant élevés dans plusieurs communes, je crois utile de faire remarquer qu'il ne s'agit point de revenir sur les aliénations ou les partages opérés définitivement en vertu des lois des 10 juin et 24 août 1793.

La circulaire du 6 avril 1854 ne s'applique qu'aux biens qui sont restés propriétés communales. A l'égard de ces biens, la loi du 18 juillet 1837 donne aux conseils municipaux le droit de proposer tous

Composé en grande majorité d'habitants nouvellement arrivés, non allotis, et dont la perspective était de ne jamais l'être, personnellement du moins, le Conseil municipal de la commune d'Ennery, prit malgré l'énergique résistance des conseillers habitant an-

les changements qu'ils jugent convenable de faire aux règlements aujourd'hui en vigueur.

J'appellerai particulièrement leur attention sur la nécessité de stipuler des redevances, comme l'indique la circulaire précitée, et sur le mode de jouissance qui a encore lieu, dans le plus grand nombre de communes, d'après l'arrêt du conseil d'État du 25 février 1779, en ce qui concerne les terrains dits parts de marais de l'ancienne province d'Artois. Cet arrêt établit notamment, *en faveur de l'aîné d'une famille, la dépossession de la veuve et des autres enfants,* lors du décès d'un chef de ménage détenteur d'une part de marais. Un semblable usage n'est plus en rapport avec la législation actuelle. Il convient de l'abroger, de le remplacer par des dispositions plus équitables et d'éviter ce qui pourrait consacrer d'injustes inégalités.

En général, les biens communaux procurent peu de ressources aux caisses municipales. Il importe cependant que les communes tirent tout le parti possible de leurs propriétés rurales. Le meilleur moyen d'atteindre ce but serait de les amodier aux enchères publiques. C'est là un moyen légitime et sûr d'accroître les revenus qui, dans la plupart des localités, sont insuffisants pour subvenir aux dépenses les plus nécessaires.

Je vous prie de communiquer les instructions qui précèdent au conseil municipal dans sa prochaine session et de l'engager à délibérer sur le mode de jouissance des biens communaux et sur les améliorations que l'intérêt communal exige. »

Suivant M. le Préfet, l'arrêt de 1779 serait constitutif de deux grandes iniquités, résultant l'une de la *dévolution à l'aîné* de la famille, l'autre de la *dépossession de la veuve* au décès de son mari.

Nous ne saurions admettre cette double critique, dont la première n'est fondée que dans une certaine mesure, dont la seconde nous paraît aussi imméritée que possible.

En ce qui concerne la *dévolution à l'aîné* de la famille, nous ne pensons pas que dans l'arrêt de 1779 l'on puisse quereller sérieusement autre chose que le privilège de masculinité.

Au moment de la promulgation de cet arrêt, la portion communale était indivisible, d'abord *en droit*, à cause du caractère commu-

ciennement la commune, une délibération aux termes de laquelle, le surplus de l'édit respecté, on concluait à l'abrogation du *jus hœreditarium*, c'est-à-dire, du droit gênant pour les non-allotis.

Une enquête *de commodo vel incommodo*, fut ou-

nal de la portion : ensuite, *en fait*, parce qu'après deux ou trois générations, le morcellement infini des portions, eût eu pour effet de ramener à la jouissance promiscue, par l'impossibilité de cultiver des parcelles beaucoup trop subdivisées.

Inévitablement donc il fallait que le lot tombât aux mains d'un seul portionnaire. Ceci posé, la disposition testamentaire se trouvant interdite en Artois, l'arrêt de 1779 devait régler la transmission héréditaire. Transmission qui, ne pouvant échoir qu'à un seul, devait fatalement constituer une dévolution privilégiée.

Or, prime de l'ancienneté, l'apportionnement était plus rationnellement attribuable à l'aîné, qu'aux cadets de la famille.

Sans doute, il eût été plus logique d'exiger pour la dévolution héréditaire, ce que l'on exigeait pour l'apportionnement originaire, c'est-à-dire, l'ancienneté d'établissement, et de dire que la dévolution se devait opérer au profit de l'enfant le plus *anciennement établi*, mais de ce que l'on n'a pas été jusque-là, il ne s'en suit nullement, qu'à part, nous le répétons, le privilége de masculinité, l'on doive attaquer le droit de primogéniture, résultant bien plus de la *force des choses* que de l'ancien apanage de l'aînesse.

Relativement à la *dépossession de la veuve*, l'arrêt de 1779 est complètement à l'abri des attaques que l'on pourrait lui adresser.

La jouissance du survivant des époux était, antérieurement à 1779, *de droit commun* en Lorraine, en Bourgogne, en Flandre et en Artois. En Artois, disons-nous, car, avant cet arrêt général, divers arrêtés particuliers avaient autorisé les apportionnements de propriétés communales.

Muets sur ce point comme sur beaucoup d'autres, appliqués cependant sans conteste, les rédacteurs de l'arrêt de 1779, ne songèrent sans doute pas à se prononcer explicitement, touchant la continuation de jouissance de la veuve, en raison précisément de ce que cela ne faisait *aucune difficulté*.

Aussi tant que l'arrêt fut appliqué par ses auteurs (les états d'Artois), lesquels assurément en devaient admirablement connaître la cause et le but, l'esprit et la portée, ne vit-on jamais une veuve privée de la *portion ménagère?*

verte, et la commune d'Ennery presque tout entière, qu'exaspéraient les dispositions nouvelles, protesta contre la délibération du Conseil.

Par l'organe de leurs Maires ou de leurs Conseils municipaux, toutes les autres communes répondirent

Devenue celle du Directoire du département, puis celle du conseil préfectoral, cette *jurisprudence invariable* ne reçut sa première atteinte qu'en 1823, lors de la nomination d'un conseiller, qui, malgré ses incontestables talens, vint bouleverser tout à la fois, les précédents, le droit et la raison, sous prétexte que, tombée par le mariage *in manu mariti*, et conséquemment devenue *alieni juris*, la femme ne pouvait, à partir de ce moment, prétendre aucun droit à aucun lot ménager, puisqu'elle n'était plus chef de famille.

C'était assurément le comble de la confusion : rien de commun n'existe entre les principes du droit romain et ceux de l'arrêt de 1779. On n'est pas chef de famille par cela que l'on se trouve *sui juris*, et l'on peut être chef de famille quoi qu'étant *juris alieni*. Et puis *que la femme ne perde point par le mariage la qualité de chef de famille, cela résulte à l'évidence de ce qu'à ce moment la femme transmet à son ménage la portion dont elle était allotie*. Si, en effet, par son mariage, à l'époque où elle le contracte, la femme perdait son aptitude, sa qualité de chef de famille, elle ne pourrait soit transmettre à son mari ou au ménage, soit conserver pour elle-même le lot dont elle aurait été apportionnée antérieurement à ses noces. Cela deviendrait aussi complètement impossible à la femme qu'il le serait, par exemple, à un apportionné allant demeurer dans la famille d'un non-alloti, soit de conférer sa portion au ménage du non-alloti ou au chef de la famille, soit de continuer à jouir de cette portion, quoique n'ayant plus de feu distinct et séparé.

Néanmoins, la jurisprudence spoliatrice des veuves s'établit, et prévaut encore, dit-on, aujourd'hui.

Mais, contraire au droit autant qu'aux instincts des populations qui l'ont constamment repoussée (protestations des communes de Lens, Harnes, Annay, Loison, Meurchin, Vitry, protestation de M. le Sous-Préfet de Béthune au nom de son arrondissement, etc.., etc... Règlements des communes de Rœux, Biache, Pelves, Lens. Projet de M. Cuinat, tous récognitifs des droits de la veuve), blâmée par tous les jurisconsultes, cette jurisprudence aux conséquences iniques et immorales touche heureusement à son terme.

La vérité ne saurait se perdre, disions-nous, dans notre Traité,

que l'édit ne leur semblait nullement vicieux, que l'eut-il été, sa modification eût été plus qu'inopportune en présence de la perturbation que cette modification n'eût pas manqué de jeter au sein des populations déjà considérablement inquiétées.

Quoi qu'il en soit, cette délibération fut approuvée par l'arrêté préfectoral, dont voici la teneur :

« Le Préfet de la Moselle, Comte de l'Empire, Officier de la Légion-d'Honneur, Commandant de l'ordre du mérite de St.-Michel de Bavière.

Vu l'édit royal du mois de juin 1769, portant règlement pour le partage usufruitier des biens communaux dans les communes qui composaient l'ancienne province des Trois-Évêchés ;

Vu la délibération du Conseil municipal d'Ennery en date du 29 mars dernier, votant le changement du

---

un jour ou l'autre le droit triomphe, *Veritati semper locus relinquendus.*

Depuis longtemps obscurcis pour les veuves artésiennes, le droit et la vérité ont enfin réapparu.

En ne s'appliquant point à l'arrêt de 1779, *l'injustice* (ce dont nous prenons acte) *constatée par M. le Préfet,* est tombée d'aplomb sur la fausse interprétation de cette loi : c'est autant qu'il en faut, pour que, contrairement à ce qui se passe partout ailleurs, on n'entende plus désormais en Artois établir, entre l'homme et la femme, une distinction contre nature, une inégalité choquante pour les mœurs comme pour les sentiments ; pour qu'on ne voie plus refuser à la veuve ce qui est accordé au veuf ; gratifier des enfants sans cœur de la succession anticipée d'une mère trop lente à mourir ; et cela en face des termes paternels de l'arrêt de 1779, suivant lequel l'allotissement a été octroyé *au ménage* (le mot s'y trouve) par des raisons *d'humanité publique,* afin d'assurer la subsistance *du pauvre* et du souffreteux.

(Voir au surplus la longue dissertation sur le droit des veuves, pages 496 à 569 de notre Traité de la législation des portions communales.)

mode de jouissance des biens communaux dans ladite commune; le procès-verbal d'enquête, à laquelle il a été procédé le 26 juin par le sieur Goderon, de la réunion de Vigy, délégué à cet effet, par notre arrêté du 2. . . . . ;

L'avis du Maire de la commune d'Ennery en date du 4 juillet;

La loi du 18 juillet 1837 et le décret du 25 mars 1852;

Considérant que la commune d'Ennery qui faisait partie de l'ancienne province des Trois-Évêchés, est régie, quant à la jouissance des biens communaux, par l'édit de juin 1769, qu'aux termes des articles 5 et 6 de cet édit, le détenteur d'un lot communal a le droit d'en disposer, par testament, en faveur de l'un de ses enfants tenant ménage, et qu'à défaut de testament le lot entier passe à l'aîné des enfants du détenteur qui sont établis dans la localité;

Considérant que ce mode de jouissance a pour résultat de conserver dans quelques familles les biens communaux et qu'il a donné lieu à des réclamations fondées de la part des habitants non pourvus dont l'attente est indéfinie; que d'après l'article 542 du Code Napoléon, les biens communaux sont ceux à la propriété ou au produit desquels les habitants d'une même commune ont des droits acquis; et que la proposition faite par le Conseil municipal d'Ennery d'abroger l'édit de juin 1769 est conforme aux principes qui régissent la matière;

Considérant que par suite du changement de mode

de jouissance des lots entiers de biens communaux qui deviendront vacants, pourront être attribués au plus ancien habitant non pourvu de portion communale ou qui n'aurait qu'un lot incomplet; que dans le nombre des habitants entendus dans l'enquête, 44 ont demandé le changement et 80 ont réclamé le maintien de l'édit de juin; qu'il n'y a pas lieu toutefois d'accueillir la demande de ces derniers qui ne l'ont motivée que sur le fait de leur jouissance actuelle.

ARRÊTE :

ART. 1er. Est approuvée la délibération prise par le Conseil municipal d'Ennery, le 29 mai 1853, relativement à la jouissance des terrains communaux, et de laquelle il résulte principalement que l'édit du mois de juin 1769 cessera d'être en vigueur dans ladite commune.

Fait à Metz en l'hôtel de la préfecture. »

Aussitôt que cet arrêté se trouva connu des habitants de la commune d'Ennery, un soulèvement eut lieu, à la suite duquel intervinrent de nombreuses condamnations correctionnelles.

On se pourvut contre l'arrêté préfectoral près de M. le Ministre de l'Intérieur, qui prit la décision suivante :

« Monsieur le préfet, je vous ai envoyé le 22 août dernier, la copie d'un arrêté du 20 juillet précédent, par lequel vous avez approuvé une délibération du Conseil municipal d'Ennery, portant que l'édit de juin 1769, qui régissait dans cette localité, la jouissance des biens communaux, cessera d'être en vigueur;

2

que les lots ne seront plus transmis héréditairement, mais attribués au fur et à mesure des vacances, aux plus anciens habitants non pourvus ; qu'enfin une redevance annuelle de 512 fr. sera établie sur lesdits biens, pendant six années, pour subvenir aux dépenses de réparation du presbytère.

Je vous ai fait remarquer notamment que les *changements apportés* par le Conseil municipal d'Ennery au *mode* de jouissance des biens communaux, n'amélioreraient que d'une manière peu sensible au point de vue de l'intérêt communal, l'état de choses actuel, et je vous ai invité à user de votre influence sur ce Conseil pour l'amener : 1° à procéder à un nouvel allotissement dont la durée ne devrait pas excéder 18 années ; 2° à porter la redevance à un chiffre plus en rapport avec la valeur desdits biens, et à ne pas les limiter à six années.

Je vous ai communiqué en même temps, un recours formé par un certain nombre de conseillers municipaux et d'habitants d'Ennery contre votre arrêté, afin d'obtenir le maintien pur et simple du mode de jouissance en vigueur.

En m'adressant aujourd'hui toutes les pièces de l'affaire, vous expliquez, Monsieur le Préfet, que vous n'avez pas attendu mes instructions pour essayer de déterminer le Conseil municipal d'Ennery à améliorer d'une manière plus radicale *le mode de jouissance* des biens communaux, notamment en procédant à un nouveau *partage* usufruitier, dont la *durée n'aurait plus été viagère;* mais que ce Conseil déjà divisé sur la question d'abolition d'hérédité, n'a pas voulu consentir à troubler dans leur jouissance les détenteurs actuels, dont l'opposition fortement prononcée pendant l'enquête contre le changement proposé, aurait été bien plus vive encore, s'il se fut agi d'un nouvel allotissement. Vous ajoutez que l'administration essaierait vainement de faire revenir le Conseil municipal sur sa détermination, au moins quant à présent; qu'elle s'exposerait en persistant à trop exiger, à voir maintenir le présent état de choses; et qu'elle doit plutôt s'empresser d'approuver les améliorations déjà obtenues, pour mettre le Conseil municipal dans l'impossibilité de revenir sur sa résolution.

Quant au recours formé contre votre arrêté, vous faites remarquer que les réclamants, sont des détenteurs des biens communaux qui, se trouvant atteints dans leur descendance par le nouveau réglement, devaient naturellement chercher à entraver l'exécution, et vous pensez qu'il n'y a pas lieu de s'arrêter à leur opposition fondée uniquement sur des motifs d'intérêt personnel.

D'après vos explications sur l'impossibilité d'amener immédiatement le Conseil municipal d'Ennery à compléter les améliorations apportées par lui au mode de jouissance des biens communaux, je n'insisterai pas davantage, Monsieur le Préfet, sur les observations qui faisaient l'objet de ma dépêche du 22 août et je n'ai plus d'objections à élever contre votre arrêté du 20 juillet précédent.

A l'égard du recours dont cet arrêté a été l'objet, je

ne le juge pas susceptible d'être accueilli, et je vous laisse le soin d'informer les requérants que je n'y donnerai pas d'autre suite. » (1)

Décision qui, elle-même, fût portée par les habitants de la commune d'Ennery à la barre du conseil d'État.

Nous allons envisager la question que soulève ce nouveau pourvoi :

1° En considérant le décret de décentralisation au point de vue de la portée qu'il convient de lui donner en face des précédents;

2° En considérant ce décret en lui-même, application faite de la lettre, et de son esprit.

SECTION Ire.

Difficilement aliénables (Cod. Lib. XI. Tit. XXXI. Lex. III. *De vendendis rebus civitatis*), et impartageables (Digest. Lib. L. Tit. IX *De decretis ab ordine faciendis*), en droit romain, les propriétés commu-

---

(1) Il est sans doute inutile de faire remarquer combien tombe à faux l'argument que M. le Ministre base sur le peu de poids que devaient avoir les réclamations des opposants, attendu qu'elles étaient dictées par l'intérêt personnel.

Si l'intérêt personnel poussait les opposants à réclamer, l'intérêt personnel poussait incontestablement les novateurs à attaquer.

Or, l'intérêt que l'on a à *conserver* ce que légitimement assurent les lois existantes, semblera partout assurément, aussi digne et aussi respectable tout au moins, que l'intérêt que l'on peut avoir à *acquérir* ce dont les autres se trouveraient dépouillés.

nales en droit français, se trouvaient *en principe* frappées d'inaliénabilité, d'impartageabilité.

La raison en était que les communautés ne se trouvaient propriétaires *qu'à charge de substitution au profit de leurs habitants futurs*, qu'à la charge conséquemment de *rendre*, et partant de *conserver*. Au préambule de l'ordonnance de 1667, Louis XIV reconnaissait solennellement cet incontestable substitution, alors qu'il édictait « que les usages et communaux appartenaient au public...... et que les communes avaient été concédées par forme d'usage seulement pour demeurer attachées aux habitants des lieux. »

Et dans ses dissertations féodales, Henrion de Pansey écrivait : « Les maires, syndics et échevins des communautés, les habitants eux-mêmes, ne sont que les administrateurs des biens communaux, ils en doivent compte à ceux qui viendront après eux, ils doivent les conserver comme un dépôt sacré ; ces futurs habitants ont, en effet, une vocation directe dans le titre primitif. Ce n'est pas à tels ou tels individus que le bien communal appartient, mais à la communauté, corps immortel composé de ceux qui n'existent pas comme des habitants actuels. »

Relativement à l'inaliénabilité, en certains cas graves, pour de *justes causes* moyennant l'emploi rigoureux de certains intermédiaires et de certaines formalités, le principe souffrait quelques exceptions ; lesquelles toutefois ne permettaient l'aliénation qu'avec *faculté de regrets* ; c'est-à-dire, sauf l'exercice d'un *réméré perpétuel* (voir La Poix Fréminville, Traité du gouvernement des communes, pages 40 et 41 ; — notre *Traité de la législation des portions communales*, pages 68 et suivantes).

Relativement à l'impartageabilité, le principe souffrait également quelques exceptions, lesquelles, bien que dérogatoires à la règle au point de vue de la *jouissance*, ne faisaient que confirmer cette règle au point de vue de la *propriété*. En effet, quoiqu'en thèse générale le partage soit une aliénation, les partages dont nous allons parler étaient combinés de façon à n'avoir nullement ce caractère, à ne dépouiller aucunement les communes de leurs propriétés.

Malgré les spoliations des terres communales, spoliations auxquelles les rois avaient tenté de mettre barre par les édits successifs du 27 avril 1567 (Charles IX); de 1588 (Henri III); de mars 1600 (Henri IV); de 1629 (Louis XIII); du 22 juin 1659; d'avril 1667; du 12 avril 1683 (Louis XIV); etc., les biens communaux demeuraient encore nombreux et considérables. En Artois, par exemple, certaines évaluations (exagérées à notre avis) portaient ces biens au dixième de la totalité du sol provincial. (Notice de Bultel sur l'Artois, 1848. — Denisart, édition de 1786 V° commune.)

Les terres communes, quelle que fut leur nature, se trouvaient abandonnées à la jouissance promiscue des membres de chaque communauté; or, rencontrant sans efforts dans cette co-jouissance de quoi facilement subvenir à leur chauffage, au pâturage de leurs bestiaux, au rouissage de leurs lins, etc....., les communistes repoussaient l'idée d'un allotissement séparé, par la raison que loin de conférer à chacun plus d'avantage que n'en donnait l'usufruit banal, l'apportionnement singulier eut amené, comme premier effet, l'exercice du déplorable droit de *Triage* au moyen duquel chaque seigneur s'appropriait *au moins le tiers* des biens de la communauté. (Voir Merlin. V° Triage. Répert, etc...... Denisart, édition de 1786. V° Commune; — notre Traité, pages 190 à 242).

Cependant par des considérations inutiles à rapporter ici, et que nous avons exposées ailleurs, les partages des propriétés communales, en ce qui concernait la *jouissance* seulement, furent autorisés en Lorraine par l'édit donné à Marly en juin 1767; en Bourgogne, par l'édit de janvier 1774; en Flandre, par les lettres-patentes octroyées à Versailles le 27 mars 1777; en Artois, par l'arrêt du Conseil pris à Versailles le 25 février 1779.

Dans le double but de conserver la propriété communale et de favoriser l'esprit de famille, il résultait notamment de ces dispositions légales :

1° Que partout les partages devaient s'effectuer, non par tête, mais par feux, de manière à ce que la portion échût au chef de famille;

2° Que partout la portion devait échoir à la veuve lors du décès de son mari;

3° Qu'en Lorraine, qu'en Bourgogne, qu'en Artois, à la mort du survivant des époux, la portion devait se transmettre *jure hœreditario* à l'un des enfants du ménage alloti.

En sorte que ne se trouvant nulle part, soit un droit de servitude, soit un droit d'usage, soit un droit d'usufruit, soit un droit de propriété, le droit des apportionnés partout *jus in re immobili*, mais partout aussi *jus sui generis* constituait surtout pour la Lorraine, la Bourgogne et l'Artois, un droit moindre que la propriété, et plus considérable que le droit d'usufruit. (Voir notre Traité, pages 373 à 386).

Mal accueillies par la généralité des communautés, ces autorisations de partages furent cependant acceptées par plusieurs paroisses dont le nombre ne tarda pas à s'accroître, et l'on procéda aux allotissements.

Les choses en étaient en cet état lorsque gronda l'ouragan révolutionnaire.

Les propriétés communales qu'en définitive avait sauvegardées la main tutélaire des rois, semblèrent dangereuses au génie de la révolution devenue d'autant plus ombrageuse, que, déchaînant plus de fureurs elle se faisait plus désorganisatrice et plus sanguinaire.

Les biens communaux parurent des propriétés bâtardes tenant le milieu entre la propriété nationale et la propriété privée, les deux seules qui, afin de centraliser l'action gouvernementale, étaient à conserver. Ils semblèrent présenter une analogie avec les dotations des anciennes corporations, et garder ainsi la trace du système féodal le *delenda Carthago* du naissant terrorisme. Ils furent enfin considérés comme donnant une sorte d'indépendance pécuniaire et territoriale aux communes transformées ainsi en petites républiques dissidentes au sens de la république mère, et par ces motifs, nouveau Saturne, la révolution qui avait enfantée tant de propriétés communales, jugea qu'il fallait les dévorer.

Mieux que l'aliénation encore, mesure véritablement agraire, le partage devait, par la multiplication des petites propriétés, calmer les soupçons de la révolution, et convertir aux idées nouvelles, à l'aide du moyen toujours puissant de l'intérêt personnel.

En conséquence, le 14 août 1792, un décret vint *impérativement* ordonner le partage *démocratique,* et par *tête* de la propriété des biens communaux autres que les bois et forêts.

Et, en raison de ce que plus sages que leur gouvernement, les populations avaient refusé de faire une curée du bien communal, et avaient hautement improuvé une pareille mesure. Le 10 juin 1793, la Convention vint à nouveau décréter un partage, *facultatif* cette fois, des biens communaux, exception faite des choses hors du commerce, des bois et forêts, et des mines minières, etc.....

Puis, comme les partages de *jouissances divises,* partages où l'on voyait une sorte de privilège de primogéniture et de masculinité, paraissaient présenter un caractère *aristocratique,* on les déclara nuls et non-avenus.

Il devait en être d'autant plus ainsi que par le démembrement de la jouissance et de la propriété, le *domaine utile* des propriétés communales, soit que les partages fussent viagers, soit qu'ils fussent héréditaires, se trouvait soustrait pour un temps illimité à l'action de la commune et de son administration. Chose qui paralysait et empêchait même l'exécution de la loi de 1793, qui ne reconnaissait plus comme seuls modes d'utilisation des biens communaux, que le partage en pleine propriété, la vente, l'afferme, ou la *jouissance commune* demeurant constamment à l'absolue disposition de l'administration (articles 12 et suivants, section 3ᵉ) de manière à n'entraver pas l'aliénation.

Enfin une voix courageuse s'éleva contre les dilapidations des biens communaux. Dans la séance du 20 Thermidor, an III, le député Baraillon dénonça la loi du 10 juin 1793; la taxa d'injustice, d'immoralité, la montra spoliatrice, destructive de l'agriculture, de l'intérêt national, et finalement conclut à l'abrogation. (Moniteur de l'an III, page 1308.)

Le 21 Prairial, an IV, blâmant hautement les « *funestes effets* » des dispositions de 93, le Conseil promulgua une loi décrétant « un sursis provisoire à toutes actions et poursuites résultant de l'exécution de la loi du 19 juin 1793, sur le partage des biens communaux. »

Le 26 Fructidor, an IV, Garan-Coulon et Bergier vinrent de rechef battre en brèche la loi de 1793. (Moniteur de 1796, pages 1440 et 1443) et le 2 Prairial, an V, une loi nouvelle transforma en *prohibition* le sursis prononcé par le Conseil. Et cette loi conserva son exécution nonobstant le vote inopérant par lequel sur le rapport fanatique de Delpierre, ardent zélateur des spoliations communales, on voulut revenir au système de la loi de 1793.

Au milieu de toutes ces agitations, et malgré les inhibitions et abrogations légales, les provinces de Lorraine, de Bourgogne, de Flandre et d'Artois, continuèrent à se régir par les législations qui leur étaient propres, et qui avaient passé dans leurs mœurs, récalcitrantes aux innovations révolutionnaires.

Et ces édits, lettres-patentes, arrêts du Conseil, furent tant et si bien appliqués, au vu et su de l'autorité comme du gouvernement, que le 9 Fructidor an X, ils reçurent une éclatante consécration, et une vitalité nouvelle, par l'arrêté dans lequel, sur les avis favorables du maire d'Annay, du sous-préfet, du préfet et du Conseil d'État, les Consuls décidèrent : « Art. 1er. L'arrêt du Conseil du 25 février 1799 sera exécuté selon sa forme et teneur. — Art. 2. L'arrêté du préfet du Pas-de-Calais en date du 22 Germinal dernier est confirmé. »

Afin de calmer les inquiétudes de ceux qui avaient partagé leurs communaux suivant le prescrit de la loi de 1793, le 9 Ventose an XII une loi porta :

« ART. 1er Les partages des biens communaux effectués en vertu de la loi du 10 juin 1793 et dont il a été dressé acte seront exécutés.

ART. 2. En conséquence les co-partageants ou leurs ayant-cause sont définitivement maintenus dans la propriété et jouissance de la portion desdits biens qui leur est échue et pourront la vendre, aliéner et en disposer comme ils le jugeront convenable. »

Le 9 Brumaire an XIII sortit une loi édictant :

« ART. 1er. Les communautés d'habitants qui n'ayant

pas profité du bénéfice de la loi du 10 juin 1793, relative au partage des biens communaux, ont conservé,
après la publication de cette loi, le mode de jouissance de leurs biens communaux, continueront de
jouir de la même manière desdits biens.

ART. 2. Ce mode de jouissance ne pourra être changé
que par un décret impérial, rendu sur la demande des
conseils municipaux, après que le sous-préfet de l'arrondissement et le préfet auront donné leur avis.

ART. 3. Si la loi du 10 juin 1793 a été exécutée
dans ces communes, et qu'en vertu de l'article 12,
section 3, de cette loi, il ait été établi un nouveau
mode de jouissance, ce mode sera exécuté provisoirement.

ART. 4. Toutefois, les communautés d'habitants
pourront délibérer, par l'organe des conseils municipaux, un nouveau mode de jouissance.

ART. 5. La délibération du conseil sera, avec l'avis
du sous-préfet, transmise au préfet, qui l'approuvera,
rejettera ou modifiera, en conseil de préfecture; sauf
de la part du conseil municipal, et même d'un ou
plusieurs habitants ou ayant-droit à la jouissance, le
recours au conseil d'état. »

Cette loi, on le voit, faisait deux catégories bien
distinctes des modes de jouissance *antérieurs* à 1793,
et des modes de jouissance *postérieurs* à cette époque.

Au premier cas, ce mode ne pouvait être modifié
que par un décret, c'est-à-dire, par le gouvernement.

Au second cas, le mode était susceptible de modification par la simple voie administrative.

Mais à quels modes de jouissance cette loi faisait-elle allusion, était-ce à la jouissance divise, était-ce au contraire à la jouissance indivise? A la jouissance indivise évidemment. La solution de ce point se trouve en effet tout entière au décret additionnel du 4ᵉ Complémentaire an XIII, lequel portant : « Art. 1ᵉʳ. Les dispositions de la loi du 9 Ventose an XII, s'appliquent à tous les partages de biens communaux effectués en vertu de la loi du 10 juin 1793, en vertu d'arrêts des Conseils, d'ordonnances des États et autres émanés des autorités compétentes » indiquait positivement que ce décret se référait aux *partages de jouissance* antérieurs à 1793, et non aux modes de jouissance commune antérieurs à cette même époque, modes de jouissance qui avaient fait l'objet de la reconnaissance et de la consécration résultant de la loi du 9 Brumaire an XIII.

Prétendre le contraire, serait prétendre que le décret du 4ᵉ Complémentaire an XIII, aurait détruit relativement aux partages antérieurs à 93, le prescrit du décret de Brumaire, et reconnu *définitifs, irrévocables*, des modes de jouissance que le décret de Brumaire rendait *révocables* et *modifiables* au moyen d'un décret. Prétention qui jamais n'a été soulevée, prétention qui peut d'autant moins l'être, que le décret du 4ᵉ Complémentaire déclare se référer à la loi de Ventose an XII, et que le décret du 4ᵉ Complémentaire traite des *partages* de biens communaux dont parlait la loi de l'an XII, et non des *modes de jouissance* auxquels s'applique le décret de Brumaire. Or, il est à remarquer que par le mot *partage* la loi a constamment entendu la *jouissance divise* et que par les mots *mode de jouis-sance* la loi a au contraire voulu spécifier la *jouissance commune*. Un simple coup d'œil jeté sur les textes, convaincra de cette *distinction capitale* et de cette vé-rité.

La loi des 18 et 22 juillet 1837, vint porter art. 17 § 3, « les Conseils municipaux règlent par leurs déli-bérations, le *mode de jouissance* et la répartition des paturages et fruits communaux autres que les bois, ainsi que les conditions à imposer aux parties pre-nantes. » Cet article ne s'appliquait 1° qu'aux jouis-sances promiscues, 2° qu'aux jouissances promiscues postérieures à 1793.

Le premier point résulte en premier lieu de l'amen-dement *repoussé*, sur une question dont M. le ministre de l'Intérieur demanda la *réserve*. Proposé comme adjonction à l'article 19, cet amendement était ainsi conçu : « Le *partage* facultatif des terres vaines et vagues et autres fonds de terre susceptibles d'être partagés. »

En second lieu, de l'avis donné en 1844 par M. le ministre de l'Intérieur au sujet de la commune de Cheminot, avis adopté pleinement par le Conseil d'État.

« En principe (disait le ministre) les Conseils mu-nicipaux règlent, il est vrai, sous la simple surveillance des préfets, le mode de jouissance et la répartition des pâturages et fruits communaux, ainsi que les con-ditions à imposer aux parties prenantes. Mais cette faculté, qu'ils tiennent de l'article 17 de la loi du

18 juillet 1837, ne s'applique évidemment qu'à la *jouissance promiscue* ou précaire des habitants, comme par exemple, le pâturage des bestiaux, la récolte de certaines plantes servant d'engrais, la distribution de tourbe ou de bois servant de combustible, etc. Comme ce n'est là qu'un simple emploi de produits en nature qui n'affecte ni la propriété du domaine communal, ni la faculté d'en disposer, la loi a voulu que les délibérations des Conseils municipaux sur cet objet fussent exécutoires sans aucune approbation préalable si, dans le délai d'un mois, elles ne sont pas annulées par le préfet, soit pour cause de violation de la loi ou du règlement d'administration publique, soit sur les réclamations des parties intéressées. S'il s'agissait, au contraire, d'engager, pour une durée plus ou moins longue, la jouissance des biens par voie d'allotissement entre les habitants, *ce serait alors un véritable partage de jouissance, un acte de gestion extraordinaire qui excéderait le pouvoir donné aux Conseils municipaux par l'article 17 précité,* et qu'ils ne pourraient faire sans l'autorisation préalable de l'administration supérieure. Or, dans l'espèce, il était question non-seulement de partager par lots entre tous les chefs de ménage, leur vie durant, les biens communaux de Longueville, pour être cultivés, mais encore de modifier un ancien partage exécuté en vertu d'un édit royal de 1769, et par suite duquel un certain nombre d'habitants avaient la jouissance exclusive de ces biens, et pouvaient même la transmettre à leurs héritiers. Ce n'était donc pas le cas d'appliquer l'article 17 de la loi du 18 juillet 1837.

Ici, la règle à suivre était tracée par les articles 1 et 2 du décret du 9 Brumaire, an XIII, portant que, lorsque les communautés d'habitants n'ont pas profité des dispositions de la loi du 10 juin 1793, relative au partage des biens communaux, et ont conservé après la publication de cette loi le mode de jouissance de leurs biens, ce mode ne pourra être changé qu'avec l'autorisation du gouvernement sur la demande des Conseils municipaux.

J'avais fait cette observation à M. le Préfet de la Moselle, qui, s'y conformant, me transmit, en 1841, les pièces du projet d'un nouveau partage pour être soumis à l'approbation du roi. Mais comme le Conseil municipal proposait de déposséder immédiatement les anciens occupants, pour faire de la totalité des biens de Longueville une seule masse partageable entre tous les habitants chefs de ménage, je crus devoir refuser sur l'avis du Comité de l'intérieur, de donner suite à ce projet, qui me parut porter atteinte à des droits acquis. Ce fut l'objet de ma première décision du 5 mars 1842.

Relativement à cette décision, je pense que le pourvoi n'est pas recevable. En effet, l'approbation demandée n'eût constitué qu'un acte de simple tutelle administrative. Elle pouvait donc être refusée sans léser aucun droit proprement dit, et dès-lors, elle ne saurait donner ouverture à aucun recours par la voie contentieuse.

Cependant les arrêtés préfectoraux des 8 juin 1837 et 23 août 1838, avaient reçu une exécution qui, bien que déclarée provisoire par le Préfet, n'en portait pas moins une atteinte réelle à la possession des anciens co-partageants. Sur leur réclamation, je pris ma seconde décision du 18 mars 1852, qui annula ces arrêtés pour cause d'incompétence; je crois avoir démontré ci-dessus que les Préfets sont incompétents pour autoriser des partages de jouissance de la nature de celui de l'espèce, surtout quand ils modifient un ancien partage opéré en vertu d'actes souverains. Je ne pouvais donc me dispenser d'annuler les arrêtés précités du préfet de la Moselle qui m'avaient été déférés par les parties intéressées, ainsi qu'elles en avaient le droit, d'après la règle qui permet d'attaquer les actes des Préfets, pour cause d'incompétence et d'excès de pouvoirs, soit *de plano* devant le Conseil d'État, soit directement près du ministre que la matière concerne. »

Et le Conseil d'État décidait « que si les articles 17 et 18 de la loi du 18 juillet 1837, donnaient aux Conseils municipaux, sauf annulation par le préfet, le droit de régler le mode de jouissance et la répartition des pâturages et fruits communaux, autres que les bois, et la répartition des conditions à imposer aux parties prenantes, cette disposition ne s'appliquait qu'à la *jouissance indivise* ou à la répartition des fruits, mais ne conférait pas à ces conseils, non plus qu'aux préfets, le droit de changer un mode de jouissance individuel et héréditaire de fonds communaux, établi par un ancien partage approuvé par l'autorité royale. »

En troisième lieu, du projet de loi de 1847, d'où il appert que les modifications proposées aux modes de jouissance, que permettait de changer la loi de 1837, étaient uniquement relatives aux jouissances communes et indivises.

Le second point résulte de l'application donnée à la loi de 1837, et de sa combinaison avec un avis du Conseil d'État en date du 29 mai 1808, et avec le projet de loi préparé en 1847 par ce même Conseil.

De l'application de la loi de 1837. Nous ne connaissons en effet aucun mode de jouissance indivise antérieur à 1793, qui ait été modifié aux termes de l'article 17 de la loi de 1837, laquelle n'a jamais été considérée que comme applicable aux modes de jouissances indivises prévus et réglés par les articles 3 et 4 du décret de Brumaire an XIII, dont elle ne se trouvait en définitive qu'une *seconde édition,* ainsi que le prouve la *comparaison des formalités exigées par le décret de Brumaire et par la loi de 1837.*

De la combinaison de la législation de 1837, avec l'avis de 1808 et le projet de 1847. L'avis portait « lorsqu'en vertu de la loi du 10 juin 1793, il s'est opéré un changement dans le mode de jouissance des biens communaux et que ce changement a été exécuté, les demandes d'un nouveau mode de jouissance doivent être présentées au Conseil de préfecture, et *soumises de droit* comme les affaires de biens communaux au Conseil d'État. » En exigeant *de droit,* l'intervention du Conseil d'État, cet avis aggravait les difficultés dont on entourait les modifications des modes de jouissance.

On lit dans le projet de 1847 :

ARTICLE 1er « Lorsqu'il paraîtra conforme aux intérêts de l'agriculture et des communes qu'un bien dont la jouissance est commune entre les habitants, soit mis en culture et affermé, le Préfet, par un arrêté spécial appellera le Conseil municipal à délibérer :

1° Sur les avantages et les inconvénients du changement à opérer dans le mode de jouissance ;

2° Sur les divers modes d'amodiations qui pourraient être employés.

Art. 2. Dans les deux mois de la notification de l'arrêté du Préfet, le maire réunira le Conseil municipal, auquel seront adjoints, en nombre égal, les plus imposés, suivant les formes indiquées dans les paragraphes 2 et 3 de l'art. 42 de la loi du 18 juillet 1837.

Art. 3. Lorsque le Conseil municipal aura délibéré, ou après l'expiration du délai ci-dessus fixé, le Préfet fera procéder à une enquête de *commodo* et *incommodo* dans la commune intéressée.

Art. 4. Si l'amodiation est votée par le Conseil municipal, il sera statué par le Préfet en Conseil de préfecture, toutefois une ordonnance royale, rendue dans la forme des règlements d'administration publique, sera nécessaire dans les cas d'amodiations proposées pour plus de dix-huit années.

Art. 5. Si la délibération du Conseil municipal est contraire à l'amodiation, toutes les pièces de l'instruction seront successivement communiquées au Conseil d'arrondissement et au Conseil général du département, afin qu'ils aient à donner leur avis motivé.

Il sera ensuite statué par une ordonnance royale

rendue dans la forme des règlements d'administration publique. »

Ce projet compliquait également les formalités relatives aux changements de mode de jouissance, car pour les amodiations d'une durée ordinaire il exigeait que les délibérations des Conseils municipaux fussent provoquées par des arrêtés préfectoraux, et pour les amodiations de dix-huit ans, il voulait une approbation royale.

Or, en présence de ces doubles tendances, il est impossible d'admettre que l'état de choses intermédiaire ait été tout à la fois contraire à ce qui avait précédé, et à ce qui avait suivi.

De ce qui vient d'être dit, il résulte qu'au moment où est intervenu le décret de 1852, il y avait deux modes de jouissance indivise :

1° Les modes de jouissance antérieurs à 1793;

2° Les modes de jouissance postérieurs à 1793.

Modes de jouissance dont les modifications devaient être approuvées pour les premiers par le chef du gouvernement, pour les seconds par ses délégués.

Qu'en 1852 pour donner à l'administration un pouvoir rendu moins lent et plus efficace au moyen de la décentralisation, on a permis aux préfets de modifier *uniformément* et *administrativement*, les modes précités, sans que cela concernât ou pût concerner en quoi que ce soit les *partages* en nature constamment respectés, par la raison qu'en vertu du décret de Ventôse an XII et du 4ᵉ Complémentaire an XIII, ces sortes de partages avaient été aussi *définitivement* maintenus *dans les termes des anciens édits*, que les partages de propriété avaient été *définitivement* maintenus *dans les termes de la loi de 1793.*

SECTION IIe.

L'interprétation ou mieux l'application que nous donnons au décret, devient plus manifestement évidente encore, lorsque sans trop de préoccupation des précédents, le décret est soigneusement et intelligemment observé dans sa lettre et dans son esprit.

Le décret est en effet un décret de décentralisation purement administrative, applicable surtout aux matières compliquées par les restaurations.

Eh bien, les partages de jouissance antérieurs à 1793, n'ayant été dénaturés par aucune espèce d'abus ou d'exagérations (exceptées toutefois les modifications administrativement apportées en Flandre, modifications illégales et nulles) il est raisonnable et naturel d'admettre, que textuellement muet sur le partage, le décret ne les embrasse pas dans ses dispositions.

Dans ses dispositions qui feraient de ce décret une loi de décentralisation *législative*, et non une loi de décentralisation administrative, si l'on rangeait les partages dans la catégorie des choses laissées à l'arbitrage des préfets.

Antérieurement à 1669 les propriétés communales étaient régies par les lois rendues en matière d'eaux et forêts. A cette époque ces propriétés continuèrent à faire partie de la même législation. L'ordonnance d'août 1669 traite art. 25 « des bois, prés, marais, landes, patis, pêcheries et autres biens appartenant aux communautés et habitants des paroisses. » Or, nul n'ignore que comme celles qui l'ont précédée, l'ordonnance de 1669 se trouvait non un acte d'administration du pouvoir royal, mais une loi, loi ordinaire dont l'exécution bien que confiée en premier ressort aux juges forestiers, était cependant en appel, assurée par les grandes compagnies judiciaires, siégeant comme Tables de Marbre, ou chambres souveraines des eaux et forêts.

Donc les législations de 1769, 1774, 1777, 1779, sont des lois en matière d'eaux et forêts, et nullement des règlements de nature administrative : et exceptionnellement à la règle (souvent illusoire en pratique) qui exigeait, sous l'ancien droit, que les édits, lettres-patentes, arrêts *motu proprio,* ne fussent exécutoires en France, qu'après avoir reçu la consécration de l'enregistrement du Parlement de Paris, et en certaines provinces privilégiées, qu'après avoir été enregistrés par les Cours particulières, il n'en était point de même en matière d'eaux et forêts. Même sans aucune espèce d'enregistrement, les arrêts sur cette matière avaient force de loi, et devaient se trouver exécutés.

On lit dans Merlin, Questions de droit, V° Arrêt du Conseil, § 2, page 239, édition in-8°.

« Quelle était, avant le Code forestier du 21 mai 1827, l'autorité des arrêts de règlement rendus par le Conseil du roi en matière d'eaux et forêts, mais non enregistrés dans les anciennes Cours, en vertu de lettres-patentes?

Quelle est-elle aujourd'hui?

Si ces arrêts avaient force de loi avant la révolution il est clair qu'ils l'ont conservée tant qu'ils n'ont pas été abrogés formellement. C'est la conséquence nécessaire de la loi du 21 septembre 1792, qui porte que, « jusqu'à ce qu'il en soit autrement ordonné, les lois non abrogées seront provisoirement exécutées. »

Or, quelque constante que fût, avant la révolution, la maxime que les actes de souverain n'étaient obligatoires pour les tribunaux, qu'autant qu'ils avaient été enregistrés dans les Cours, il n'en était pas moins constant, à la même époque, qu'en matière d'eaux et forêts, les Arrêts de règlement du Conseil faisaient loi dans les juridictions forestières et dans celles dont elles ressortissaient, même sans enregistrement préalable dans les Parlements.

Cette exception à la règle générale est attestée à l'article Arrêt, nº 28, du dictionnaire des Arrêts de Brillon; « les arrêts et règlements faits au Conseil, en matière d'eaux et forêts (y est-il dit), font loi; et les juges d'appel ne peuvent, sans s'exposer à voir casser leurs décisions, s'écarter de la disposition de ces arrêts et règlements. »

Et dans le fait, nous trouvons dans le dictionnaire des eaux et forêts de Chailland, tome Ier, page 7 de la table des Arrêts, « un arrêt notable du Conseil (ce sont les propres termes de l'auteur) qui ordonne que les sentences rendues aux siéges des maîtrises, en conformité de l'ordonnance des eaux et forêts et des arrêts du conseil, seront exécutées selon leur forme et teneur, sans pouvoir être infirmées aux siéges des Tables de Marbre, qui, au contraire, doivent les confirmer en cas d'appel. »

Le même auteur dans le corps de son ouvrage, aux mots Arrêts du Conseil, n° 1er, cite encore un autre Arrêt du 29 décembre 1693, comme décidant que les sentences rendues aux maîtrises en conformité des Arrêts du Conseil, ne peuvent être infirmées par les juges d'appel :

Et c'est ce qui explique l'exécution qu'ont reçue constamment, jusqu'à la publication de la loi du 29 septembre 1791 sur l'organisation forestière (ainsi que le prouvent deux Arrêts de la Cour de Cassation des 27 Vendémiaire an XIII et 8 septembre 1809, rapportés dans le répertoire de jurisprudence, aux mots Déclaration de coupes de bois), les extensions qu'avaient données les Arrêts du Conseil des 21 septembre 1700 et 11 mars 1757, à l'article 3 du titre 36 de l'ordonnance de 1669, qui défendait, sous des peines déterminées, aux propriétaires particuliers de forêts situées à dix lieues de la mer ou à deux lieues des rivières navigables, d'abattre aucun arbre futaie, sans en avoir fait préalablement la déclaration au grand maître des eaux et forêts du département.

Mais aujourd'hui il y a une distinction à faire, relativement aux Arrêts du Conseil dont il s'agit, entre ceux qui concernent les forêts et ceux qui concernent les eaux.

Les premiers sont abrogés, avec l'ordonnance de 1669 à laquelle ils se rattachaient, par l'article 218 du Code forestier du 21 mai 1827.

Les seconds sont encore aujourd'hui ce qu'ils étaient avant ce code; ils continueront d'être obligatoires, jusqu'à ce qu'une loi nouvelle ait fait pour les eaux, ce que ce code a fait pour les forêts. »

De ce caractère véritablement *légal* des législations touchant les portions communales, la conséquence est que ces législations ne se trouvent susceptibles d'abrogation que par une loi nouvelle, et non au moyen de décrets et ordonnances ne constituant que des actes administratifs.

Ceci posé il devient sensible que le décret de décentralisation n'a eu nullement pour but de conférer aux préfets le droit de modifier les législations réglant les partages des biens communaux. *Qui ne peut le moins, ne saurait pouvoir le plus.* Or, ne pouvant aujourd'hui modifier les choses qui d'après la loi de 1837 n'étaient susceptibles que de modifications légales, telles que les réunions et distractions de communes, etc... (art. 4) les contributions extraordinaires, etc... (art. 40) les emprunts, etc... (art. 41) les préfets ne sauraient *à fortiori*, pouvoir abroger les lois existantes.

Et ce qui est sensible par le raisonnement, devient évident lorsque l'on consulte le préambule du décret. Il est en ce préambule déclaré que s'il importe de *décentraliser l'action purement administrative* parce qu'on n'administre bien que de près, il importe plus encore de *centraliser l'action gouvernementale de l'État,* attendu que l'on gouverne parfaitement de loin.

Si maintenant de l'esprit du décret nous passons à l'examen de la lettre, nous ne ferons que nous confirmer dans notre application.

1° Le décret emploie les mots *modes de jouissance,* expressions caractéristiques de l'indivision, expressions qui, depuis 1793, ont été constamment employées par antithèse des mots *partages* exclusivement réservés à ce dont la jouissance se trouvait divisée ;

2° Le décret porte que ces modes de jouissance pourront être modifiés quelle que soit la nature de *l'acte primitif......* termes exclusifs des édits, lettres patentes et arrêts du Conseil, relatifs aux *partages de jouissance* antérieurs à 1793.

Ces monuments, en effet sont des lois, et non des actes, quand au contraire tous les modes de jouissance autorisés depuis 1793, ne l'ont été qu'en vertu d'actes administratifs de natures différentes. Cela est incontestable pour les modes de jouissance permis depuis 1837 jusqu'en 1852, pour les modes de jouissance permis de Brumaire, an XIII, à 1837. Cela est incontestable encore pour les modes de jouissance indivise adoptés en exécution de la loi de 1793, attendu que bien que concédés par cette loi, le titre de ces jouissances résidait dans *l'autorisation* du directoire départemental (article 14, section 3) qui devait les valider. Cela est incontestable enfin pour les modes de jouissance indivise antérieurs à 1793 qui n'ont jamais été octroyés que d'une façon exclusivement administrative ;

3° A ces mots « quelle que soit la nature de *l'acte*

primitif » le décret ajoute « *qui ait approuvé* le mode actuel » expressions qui complètent lumineusement le sens à donner au mot *acte*, et démontrent que cet acte ne saurait être une loi. Grammaticalement et logiquement, permettre signifie autoriser une chose future, approuver signifie ratifier un fait accompli — à quoi servirait la permission de faire à une chose consommée? que serait *en général* l'approbation donnée à un fait hypothétique et purement éventuel? Or, la signification logique et grammaticale, se trouve également la signification légale. La loi qui statue *ante factum*, *permet* et *n'approuve* pas. Elle permet les actes à venir et n'a pas à les approuver. Aussi les partages antérieurs à 1793 permis par les législations respectives ont-ils été exécutés sans qu'on ait songé à les faire postérieurement ratifier; au contraire, tous les modes de jouissance indivise pratiqués depuis cette époque, n'ont pu *postérieurement à leur décision*, se voir mis en pratique qu'*après une approbation, qu'après une ratification*. Approbation du directoire depuis 1793 jusqu'en l'an XIII. Approbation du préfet, du Conseil d'État et du chef du gouvernement de l'an XIII à 1837. Approbation expresse ou tacite du préfet de 1837 à 1852.

4° Le décret porte « Ils (les préfets) statueront désormais sur toutes les autres affaires départementales et communales qui jusqu'à ce jour exigeaient la *décision du Chef de l'État où du ministre de l'intérieur.* »

Expressions bien nettes et bien catégoriques, prouvant que les préfets ne sont aptes qu'à remplacer par leurs arrêtés les anciennes hautes décisions administratives, et nullement à faire ce qui exigeait l'intervention d'une loi, moins encore à défaire une loi en vigueur et en cours d'exécution.

Inutile sans doute d'insister davantage, sur l'application d'un décret par trop clair, d'un décret qui, du reste, recevra peut-être encore des modifications autres que celles qui déjà ont été apportées par la loi du 10 juin 1853, restrictive des attributions préfectorales.

Terminant par où nous avons commencé, nous répéterons, que la solution contraire à ce qui vient d'être exposé n'est pas un seul instant supposable : que l'intérêt communal, que l'intérêt national y résistent invinciblement. En dehors de ce que nous avons dit, la preuve de ces résistances se puise dans le refus unanime et catégorique de tous les Maires du département de la Moselle. On refuse de laisser abroger les législations des allotissements communaux, comme en 1793, on se refusait à la spoliation des propriétés communales. *Grand enseignement* dont, nous l'espérons, on saura profiter.

Enfin, à côté des intérêts communaux départementaux, nationaux, il y a l'intérêt gouvernemental, et cet intérêt, nous osons le dire, est aussi engagé que les autres dans la question en litige.

Le plus bel apanage du pouvoir est la justice. Or, la justice se distribue par les lois qui elles-mêmes sont le plus grand attribut du Chef de l'État auquel doivent fatalement remonter les mérites des lois et leur responsabilité.

Or, sans la moindre adulation, notre dernier mot sera, que nous sommes assez intimement confiant dans la hauteur et la solidité des vues de celui qui, suivant une expression heureusement imagée, a voulu *rétablir la pyramide sur sa base*, pour ne point admettre que jamais il ait pu consentir à laisser ébranler ce monument par l'autorité administrative, au moyen d'un levier qui aurait entamé et disjoint le pouvoir législatif, malgré l'éternel axiôme : *ejus est solummodo tollere leges, cujus est condere!*

TABLE ANALYTIQUE.

—

SECTION IIme.

DÉCRET DE DÉCENTRALISATION APPRÉCIÉ AU POINT DE VUE DE SON TEXTE ET DE SON ESPRIT.

OUVRAGES DE L'AUTEUR :

TRAITÉ HISTORIQUE, THÉORIQUE ET PRATIQUE DE LA LÉGISLATION DES PORTIONS COMMUNALES OU MÉNAGÈRES. Comprenant l'Edit de 1769 pour les trois Évêchés. L'Édit de 1774 pour la Bourgogne, les Lettres patentes de 1777 pour la Flandre. L'Arrêt du conseil de 1779 pour l'Artois, mis en harmonie, avec les règles du droit commun et les principes du Code Napoléon. Précédé d'un *essai* sur le système féodal, les droits de fief, les droits de justice, — sur l'origine, la nature, le caractère des municipalités, communes, et biens communaux, sous l'empire des lois romaines ou gallo-romaines, barbares, féodales, révolutionnaires, actuelles. Et d'un *aperçu* sur quelques droits seigneuriaux antérieurs à 1789, notamment le droit de Triage. — 1854, 1 vol. in-8.   8 fr.

DISSERTATIONS JURIDIQUES sur quelques-uns des points les moins éclaircis ou les plus controversés en Doctrine et en Jurisprudence. — 1855, tome Ier, 1 vol. in-8. . . . 7 fr.

ÉTUDE SUR LES ÉLIMINATIONS DE TÉMOINS (exclusions, reproches) *Solution* de la question de savoir si les dispositions de l'article 283 du code de procédure sont rigoureusement limitatives et impératives ou simplement facultatives et énonciatives. *Examen* de la matière sous les Législations Juive, Grecque, Romaine et Barbares, sous les vieilles lois Françaises, l'ordonnance de 1667, et le code actuel. — 1855, brochure in-8. . . . . 2 fr.

EXAMEN ET SOLUTION du point de savoir quelle peut être la portée du décret de décentralisation administrative sur les Législations des portions communales ou ménagères. — 1855, brochure in-8. . . . . 1 fr. 50 c.

Arras, Typographie d'Alphonse BRISSY.